# CINCUENTA POEMAS

CATULO

# CINCUENTA POEMAS

Selección, versión y notas de Aníbal Núñez

VISOR LIBROS

VOLUMEN MCCXV DE LA COLECCIÓN VISOR DE POESÍA

1ª edición, 1984
2ª edición, 2023

Cubierta: Alberto Corazón


Isaac Peral, 18 - 28015 Madrid
www.visor-libros.com

ISBN: 978-84-9895-515-6
Depósito Legal: M-35283-2023

Impreso en España - Printed in Spain
Gráficas Muriel. C/ Investigación, n.º 9. P. I. Los Olivos - 28906 Getafe (Madrid)

*A Isabel, anagrama de Lesbia*

# NOTA PRELIMINAR

Toda versión comporta una intención a la que ser fiel durante su proceso para que se mantenga, con su voluntad, el estilo. Decía Poe que deberíamos verter el original «de manera que la versión impresione a los lectores a quienes está destinada, tal como el original impresionó a los lectores para quienes fue escrito». Poe recomienda: «Verter demasiado literalmente los modismos destruye el *tono* del original». Anteponía, pues, lo literario (el tono) a lo literal, para quien crea en esa bífida cuestión. Yo, de acuerdo con el primer gran lema del americano, he mantenido la intención de abolir esos términos.

Hace ya casi diez años que traduje estos poemas de Catulo —que he ido corrigiendo y ajustando hasta hoy—, y el comentario más frecuente que durante esa década recibí de los que leían los borradores sin conocer el original giraba sobre la sospecha de que en mi versión no había literalidad. Y recuerdo haber contestado siempre con algo que ahora expreso como que no solo traduje al pie de la letra sino de la mano del estilo.

Lo que yo sigo preguntándome es por qué se suelen envejecer con una especie de pátina las versiones de los clásicos, por qué se traduce el latín a un castellano especial para traducciones del latín. Ese afán anticuario y falsificador es imperdonable. En Catulo doblemente: su lenguaje solía tener sentimientos y destinatarios inmediatos, además de una capacidad de convertir en joya un material caliente. Aún humean sus poemas, pues supo hacer perenne la efusión volcánica. Y fue precisamente el artificio lo que dio brillo propio e inextinguible a la obra de Catulo. Y aunque —y sigo con Poe— la pasión por sí sola no garantice el resultado lírico, creo que lo que me puso a *tono* para traducir al poeta de Verona fue el experimentar una pasión que no me avergüenzo en calificar de semejante a la suya, por lo que me atrevo a cerrar el círculo afirmando que sin pasión tampoco hay retórica.

En las prosificaciones eruditas de la poesía clásica se suele atender preferentemente a la traducción de las unidades léxicas en menoscabo de otras unidades de lenguaje, y así se encuentran precisiones semánticas del tipo «sandalias de cuero sin desbastar», donde una precisión artesanal se prefiere a la expresividad aliterativa del original: *crepidas... carpatinas* (Catulo XCVIII, 4). Aunque es imposible restituir (y parece que esta no sea la intención de las versiones de los estudiosos) la materia retórica en una versión, hay recetas para intentarlo; si una figura no se puede repetir puntualmente, al menos sí se puede tener en cuenta si es ingrediente habitual en la cocina del autor. No comparto —insisto— esa resignada actitud de los que consideran que en toda traducción se pierden los «efectos líricos», los «matices expresivos»... ¡Como si estos no estuvieran de sobra codificados y disponibles!

No pienso ya en esas perífrasis falsamente piadosas que sustituyen sustancia lírica de contenido «escabroso» por cosas como «se entregaban a inmundos placeres»: recuerdo con especial deleite la ocasión en que a una muchacha literal y literariamente *muy jodida* se la calificaba de «usada por el coito». No obstante, creo que, más que las en todo caso prosificaciones imprescindibles, repudio aquellas otras versiones de artista que parecen hacer el favor de traducir a poetas por los que se simpatiza: así encontramos desde un místico guerrillero hasta un dandy bocacciano ocupando el pellejo de Catulo.

Pienso que la selección de 50 poemas —de los 116 que se conservan de nuestro poeta— recoge suficientemente los temas, ilustra las repeticiones y diseña unos perfiles claros del personaje. He traducido exclusivamente los poemas breves (muchos son epigramáticos): la poesía ocasional, las invectivas, las súplicas, las parodias e hipérboles de géneros anteriores. He preferido dejar a un lado los poemas largos (del LXI al LXVIII), de carácter más grave y dentro de una tradición elegíaca y epitalámica más convencional.

Tengo que agradecer la ayuda nunca intervencionista de Carlos Fernández Corte, que me mostró una imagen creíble de Catulo, y la de —y sobre todo— Carmen Castrillo, que me resolvió no pocos problemas textuales. Y a Mara el empujón que me dio en la piscina para que concluyera este trabajo.

Salamanca, 1982

# POEMAS

## II
## PASSER, DELICIAE MEAE PUELLAE[1]

Pajarito, delicias de mi niña,
con el que juega, al que en su seno tiene,
a quien da ella a coger
la yema de su dedo
e incitar suele al picotazo ardiente
cuando mi amor radiante
no sé a qué juego encantador se entrega,
de su dolor consuelo,
para calmar, supongo,
la carga de su ardor.
¡Pueda yo, como ella,
jugar contigo y aliviar las tristes
preocupaciones de mi corazón!

---

[1] Para algún autor la interpretación simbólica del pájaro es «maliciosa». Sin ella, sin embargo, no se entendería la tradición literaria galante que hace casi un género del tópico. Baste recordar solo *La paloma de Filis*, de Meléndez Valdés, clara paráfrasis del poema de Catulo.

## II B
## (...) TAM GRATUM EST MIHI
## QUAM FERUNT PUELLAE

Tan grato es para mí como, se dice,
lo fue para la joven corredora[1]
la manzana de oro que deshizo
el cinturón ceñido tanto tiempo.

---

[1] La joven corredora es la mítica Atalanta. En el último verso del original leo *ligatam* donde J. Petit escogió *negatam.* He seguido normalmente el texto latino de la edición de J. Petit (*Poesías de Catulo,* Barcelona, 1974) por ser la más asequible. Siempre que disienta lo expresaré en una nota.

## III
## LUGETE, O VENERES CUPIDINISQUE

Llorad, oh Venus y Cupidos
y todo el que venere la belleza:
que se ha muerto el gorrión, el pajarillo
que hacía las delicias de mi amiga
y era más que la niña de sus ojos:
era de pura miel y conocía a su dueña
tanto como una hija a su madre conoce;
de su regazo no se separaba,
dando saltos de un lado para otro
solo piaba para ella.
Ahora sigue el camino tenebroso
hacia de donde, dicen, nadie vuelve.
Os maldigo, malditas tinieblas del Infierno
que devoráis todas las cosas bellas:
os llevasteis mi hermoso pajarillo.
Mi pobre gorrioncillo, ¡qué desgracia!
Por tu causa los ojos de mi niña
están rojos e hinchados de llorar.

## IV
## PHASELUS ILLE, QUEM VIDETIS, HOSPITES

Este yate que veis fue, forasteros,
la embarcación más rápida, eso dice,
y no hubo quilla alguna
que no dejara atrás, fuera preciso
volar a remo o vela.
Niega que se le nieguen
la costa amenazante del Adriático
y de las islas Cícladas
y de la ilustre Rodas
y el horrible propóntida de Tracia
o la bahía salvaje del Ponto[1], donde antes
de ser un yate fue un tupido bosque;
pues su locuaz follaje
muchas veces silbaba en la cumbre del Cytor.
Amastris del Euxino, monte de boj, vosotros
esto bien lo sabéis y lo supisteis,
dice el yate; refiere
que desde tiempo inmemorial se erguía
en tu cima; en tus aguas
sus remos embebió, y es de allí donde
a través de los mares desatados

[1] El mar Negro.

ha traído a su dueño, ya la brisa
a estribor le llamase o a babor,
o Júpiter, propicio,
le hiciera navegar a toda vela.
Ningún voto a los dioses de las costas
cuando llegó había hecho del océano
a este límpido lago para acabar sus días.
Mas todo eso pasó; ahora envejece
tranquilo en su retiro y se consagra
a ti, gemelo Cástor, y al gemelo de Cástor.

# V
# VIVAMUS, MEA LESBIA, ATQUE AMEMUS

Vivamos, Lesbia, amemos;
que nos importe un bledo
el cuchicheo de los carcamales.
Puede morir el sol y renacer,
mas, una vez que muere nuestra breve luz,
una y eterna noche para dormir nos queda.
Mil besos dame, después ciento,
luego otros mil y otra vez ciento
hasta otros mil y luego ciento.
Y, cuando ya sumemos muchos miles,
borrón y cuenta nueva para que no sepamos
cuántos besos llevamos ni lo sepa
ningún gafe envidioso.

## VII
## QUAERIS QUOT MIHI BASIATIONES

Preguntas, Lesbia, cuántos besos tuyos
me bastan y me sobran. Tantos como
granos de arena yacen en la libia Cirene,
fértil en laserpicios,
entre el oráculo del ardiente Júpiter
y el sagrado sepulcro del viejo Bato: tantos
como astros vigilan los furtivos amores,
cuando la noche calla, de los hombres
son los besos que al loco de Catulo
le bastan y le sobran:
que no puedan contarlos los curiosos
ni echar un maleficio.

## VIII
## MISER CATULLE, DESINAS INEPTIRE

Desgraciado Catulo, deja de hacer locuras
y lo que ves perdido dalo por perdido.
Fulgieron antes días luminosos
cuando acudías a donde ella dijese,
la muchacha querida por nosotros
como ninguna lo será.
Gozos sin cuento entonces eran
y lo que tú querías ella también quería.
Fulgieron, en verdad, días luminosos.
Ahora ella no quiere; tú —no seas
débil— tampoco quieras; y no sigas
a quien huye, ni tristemente vivas,
sino mantén tu ánimo, aguanta:
Adiós, muchacha, ya Catulo aguanta:
no te irá a buscar más ni irá a rogarte
contra tu voluntad.
¡Lo que vas a sufrir cuando nadie te ruegue!
Malvada, ¡ay de ti! ¡La vida que te espera!
¿Quién se te va a acercar? ¿Quién te va a ver bonita?
¿A quién vas a amar tú? ¿De quién dirán que eres?
¿A quién vas a besar?¿Morderás en qué labios?
Y tú, Catulo…, aguanta.

## IX
## VERANI, OMNIBUS E MEIS AMICIS

Veranio, el preferido de todos mis amigos,
entre trescientos mil que hubiera, ¿has vuelto
a casa junto a tus penates,
tus unidos hermanos y tu madre viejita?
Has vuelto. ¡Para mí qué buenas nuevas!
Te veré sano y salvo y escucharé de Iberia
contar sobre lugares, aventuras y pueblos,
como sueles hacerlo, y a tu cuello abrazado
te besaré en los ojos y en tu risueña boca.
Oh, de todos los hombres venturosos
¿quién más dichoso y más feliz que yo?

## XI
## FURI ET AURELI, COMITES CATULLI

Furio y Aurelio, acompañantes
de Catulo, aunque vaya
al fin del mundo, al indo
litoral por las ondas resonantes
del Oriente batido…

Aunque a la Hircania o a la dulce Arabia,
al país de los sagos
al de los partos sagitarios
a las aguas que el Nilo
séptuplo colorea…

Aunque trasponga las alturas
alpinas para ver
los trofeos del gran César,
al galo Rin y a los horribles
bretones remotísimos…

Dispuestos a intentar, todos a una,
todo a lo que nos lleve
la voluntad del cielo,
llevad a mi muchacha este mensaje,
si breve, nada bueno:

Que viva con salud con sus trescientos
concubinos, que abraza al mismo tiempo,
mas sin amar de veras a ninguno;
y, eso sí, reventando los ijares
a todos sin cesar…

Que no cuente ya más con mi amor, como antes,
que ha muerto por su culpa
como una flor al borde
de un prado es alcanzada
al pasar el arado.

## XIII
## CENABIS BENE, MI FABULLE, APUD ME

Cenarás bien, mi Fábulo, en mi casa
dentro de algunos días, si los dioses
favorables te son y si contigo
te traes condumio bueno y abundante,
sin olvidar una muchacha guapa,
vino, salero y ganas de reír.
Si traes de todo esto,
cenarás bien, mi encantador amigo,
porque de tu Catulo los bolsillos[1]
llenos están de telarañas.
Pero recibirás a cambio
mi más pura amistad
y lo más delicado y distinguido
que imaginarte puedas;
pues te daré un perfume que Cupidos
y Venus regalaron a mi chica:
cuando lo huelas, a los dioses
vas a pedir que te hagan, Fábulo,
todo nariz.

---

[1] El anacronismo es consciente: traduzco *sacculus (bolsa)* por «bolsillos».

## XV
## COMMENDO TIBI ME AC MEOS AMORES

Me encomiendo a ti, Aurelio,
yo y mi amor. Y te pido
un discreto favor: que, si en el fondo
has deseado a alguien, procurando
que fuera intacto y puro, me preserves
de la vergüenza a este muchacho;
no te digo del pueblo: nada temo
a quienes van de un lado para otro
por la calle ocupados en sus cosas;
pero te temo a ti, temo a tu pene,
amenaza de niños inocentes y malos.
Blándelo cuanto quieras, donde gustes,
cuando esté fuera y preparado;
exceptúo solo a uno, discretamente —pienso—;
pues si tu furor loco y tus malos instintos
te empujan, criminal, a tan gran culpa
y engatusas con tretas a mi vida...
¡Ay, pobre de ti entonces, desgraciado!:
desgajadas las piernas, y por la puerta abierta
te irán corriendo mújoles y rábanos[1] .

[1] Suplicio con el que eran castigados los adúlteros.

## XXIII
## FURI, CUI NEQUE SERVUS EST NEQUE ARCA

Furio, ni esclavos tienes,
ni chinches ni arañas
ni arca ni fuego, pero un padre
sí tienes y madrastra cuyos dientes
pueden comer el pedernal…
Y te va bien con ellos, con tu viejo
y su mujer de leña: nada extraño,
puesto que os encontráis de maravilla,
perfectamente digerís y nada
teméis: ni los incendios,
ni ruinas aplastantes, ni atentados,
ni el pérfido veneno:
ninguna clase de peligros, ¡vaya!
Ya que tenéis los cuerpos
más resecos que un cuerno
y, más que lo más, áridos
por el sol, por el frío y por el hambre.
¿Cómo no ibas a estar tan feliz y contento?
No queda en ti sudor, saliva o moco,
ni un mal catarro en la nariz.
Añade a esta limpieza
algo más limpio aún:
que tu culo lo está más que un salero

y no llegan a diez tus cagadas al año;
y más duro lo haces que piedras y que habas:
que, por más que lo frotes y restriegues
entre tus manos, nunca podrás mancharte un dedo.
Todas estas ventajas tan felices
no las desprecies, Furio, ni las tengas por poco.
Deja ya de pedir esos cien mil sestercios
que sueles, pues ya eres lo bastante feliz.

## XXV
## CINAEDE THALLE, MOLLIOR CUNICULI CAPILLO

Desvergonzado Talo,
más suave que el pelo de conejo,
que el plumón de la oca,
que de la oreja el lóbulo,
que el pene lánguido de un viejo
o que una telaraña polvorienta.
Y, además, más ladrón que un ciclón, Talo,
cuando la luna muestra los bostezos
de los del guardarropa.
Devuélveme mi toga, los bordados
de Tinia y el pañuelo de Saetabis
que me robaste, imbécil, y que sueles
mostrar públicamente
como recuerdos de familia.
Despégatelo todo de las uñas
y devuélvemelo;
si no…, mi ardiente fusta
ignominiosamente garabateará
tus costaditos de peluche
y tus manos blandengues.
Y te vas a agitar como no sueles,
tal que una navecilla sorprendida
por un furioso viento en el océano.

## XXVI
## FURI, VILLULA NOSTRA NON AD AUSTRI

Ay, Furio, nuestra granja[1]
no está expuesta ni al Austro
ni al crudo Bóreas ni al Favonio
ni al Afeliota, pero
sí a quince mil doscientos[2].
¡Oh viento horrible y pestilente!

---

[1] El texto del primer verso no es seguro. Yo prefiero —por no discrepar esta vez con Petit— *villula nostra,* donde otros leen *villula vostra.*

[2] Los quince mil doscientos son sestercios.

## XXVII
## MINISTER VETULLI PUER FALERNI

Muchacho escanciador del añejo Falerno,
lléname copas más amargas, como
manda la ley de nuestra
anfitriona Postumia, más borracha que un grano
de uva borracho.
Y tú, agua,
ve donde quieras, perdición del vino;
aquí solo queremos el tioniano[1].

[1] Tioniano se refiere a Baco, hijo de Tione.

## XXIX
## QUIS HOC POTEST UIDERE, QUIS POTEST PATI

¿Quién esto puede ver, quién padecerlo,
si no un desvergonzado, voraz y jugador,
el que Mamurra[1] tenga todo cuanto tenían
la hirsuta Galia y la última Bretaña?
Encanallado Rómulo, ¿podrás verlo y sufrirlo?
¿Y ahora él, soberbio y embebido,
recorrerá todos los lechos
como un blanco palomo o un Adonis?
Encanallado Rómulo, ¿podrás verlo y sufrirlo?
Eres desvergonzado, voraz y jugador.
¿Por esa causa, general sin par[2],
estuviste en la última isla del Occidente,
para que ese jodido de Lapija[3] vuestro
veinte o treinta millones se comiese?
¿Qué es tal si no siniestra liberalidad?
¿Ha derrochado poco, poco ha engullido acaso?
Dilapidó primero la fortuna paterna;

---

[1] A Mamurra, caballero protegido de César, natural de Formias, lo veremos más veces bajo las invectivas del poeta.

[2] El «general sin par» es el propio César.

[3] «Lapija» *(Mentula)* es su yerno Pompeyo.

luego el botín del Ponto y el tercero en Iberia
como lo sabe bien el aurífero Tajo.
Le temen las Bretañas y las Galias.
¿Por qué acogéis a ese malvado? ¿Qué otra cosa puede
hacer sino tragarse pingües patrimonios?
¿Por esa causa todo —oh todopoderosos de la urbe,
suegro y yerno— lo echasteis a perder?

## XXXII
## AMABO, MEA DULCIS IPSITHILA

Por favor, dulce Ipsitila[1] mía,
mi delicia, mi encanto,
invítame a tu casa a la hora de la siesta.
Y, si me invitas, otro favor te pido:
que no pongas candados en la puerta
ni te dé por salir.
Mejor quédate en casa,
prepárate a que echemos
nueve polvos seguidos[2].
Aunque, si te parece, invítame ahora mismo:
pues, bien comido y panza arriba,
atravieso la túnica y el manto.

---

[1] *Ipsithila* o *Ipsililla* (de otros manuscritos) parecen ser diminutivos cariñosos.

[2] He preferido el vulgar «polvos» para traducir *fututiones*. Un sustantivo como *fornicaciones* tiene connotaciones ajenas al desenfado de Catulo.

## XXXVI
## ANNALES VOLUSI, CACATA CARTA

Anales de Volusio, papel con palominos[1],
cumplid el voto de mi chica:
que ha prometido a Venus y a Cupido
que, si vuelvo con ella
y ceso de blandir mis fieros yambos,
elegirá, selecta,
de entre toda la obra del poeta peor,
con lo que hacer al dios cojitranco una ofrenda
para que arda mezclada con madera maldita.
Y esto es lo que la pícara, con divertido encanto,
ha juzgado más propio para ofrecer a un dios.
Ahora, oh nacida de las azules ondas,
tú que habitas la Santa
Idalia y la llanura
de Urios y Ancona
y Cnido —en cañas fértil—
y Golgos y Dirraquio y Amatunte,
albergue del Adriático,
ten a bien este voto, si es ingenioso y lindo.

---

[1] Las *cacata carta* (que hemos vertido pobremente en un intento de conservar cierta aliteración) del desconocido Volusio, constituían probablemente algún poema dedicado a cantar las glorias del César.

Y vosotros, venid —mientras— al fuego,
con toda vuestra tosca estupidez,
Anales de Volusio, papel con palominos.

## XXXVII
## SALAX TABERNA UOSQUE CONTUBERNALES

Sucio bar y vosotros, los asiduos
del noveno pilar tras los del píleo[1],
¿creéis que solo vosotros tenéis verga,
que solo es cosa vuestra
tiraros a no importa qué muchacha
y tratar a los otros cual cabrones?
¿Por qué, en sesión continua,
cien, doscientos idiotas,
me creéis incapaz
de pasaros a todos por la piedra
de una vez? Id creyéndolo.
Y, encima, os voy a hacer una pintada
en la puerta de vuestro bar[2], que ella,
la muchacha que huyó de mi regazo,
a la que yo quería como nunca
querré jamás a otra,
por quien tantos combates he librado…,

---

[1] El verso 2: *a pileatis nona fratribus pila,* de clara contextura aliterativa, sitúa la *salax taberna* con respecto al templo de Cástor y Póllux, a quienes se representaba tocados con el *pilleus,* especie de gorro frigio.

[2] Hemos traducido *taberna* por «bar» con ánimo precisamente literal. *Bar,* en castellano, es lo genérico, mientras que *taberna,* en nuestra lengua, tiene un sentido especializado del que carecía en latín.

se ha ido a sentar ahí. La flor y nata,
todos la amáis, pero en el fondo
no sois más —¡qué indignante!—
que unos mezquinos chulos callejeros.
Y tú el primero, el más peludo,
hijo de Celtiberia conejera,
Egnacio[3], tú, que cifras tu belleza
en tu barba tupida
y en tus dientes frotados con la orina española.

---

3 Sobre Egnacio y su dentadura nos da cuenta el poema XXXIX.

## XXXVIII
## MALEST, CORNIFICI, TUO CATULO

Mal anda, Cornificio[1], tu Catulo, ¡por Hércules!;
mal anda y con pesar
más y más cada día y cada hora.
De ti no ha recibido —lo más fácil del mundo—
palabras de consuelo. Contentito me tienes…
¿Así por mis amores te interesas?
¡Anda…! Una palabrita de consuelo, más triste
que el llanto de Simónides[2].

[1] Cornificio era un poeta contemporáneo de Catulo.
[2] Simónides fue un lírico griego del siglo VI antes de Cristo.

## XXXIX
## EGNATIUS QUOD CANDIDOS HABET DENTES

Egnacio, porque tiene blancos dientes,
se ríe por cualquier cosa. Si se acude
a ver a un reo en el banquillo
mientras que el orador excita al llanto,
él se ríe. Si se llora
ante la pira de un piadoso hijo
único, ante la madre inconsolable,
él se ríe. Donde esté y con quien esté,
y haga lo que haga, se ríe siempre;
tienen esa enfermedad,
que no es —pienso— correcta ni elegante.
Debo darte un consejo, buen Egnacio:
aunque fueras urbano o sabino o de Tíbur,
un umbro parco o un obeso etrusco,
un lanuvino bruno y bien dentado
o —por mentar también a mis paisanos—
un traspadano, en fin, de un país cualquiera
que se lave los dientes limpiamente…
no quisiera tampoco verte, Egnacio,
reír por cualquier cosa, pues no hay nada
más idiota que una risa idiota.
Pero eres celtibero; en Celtiberia
se suele recoger cada mañana

lo que uno ha meado y restregarse
las encías encarnadas y los dientes
para que más pulidos aparezcan
y más proclamen que bebéis orina.

## XL
## QUAENAM TE MALE MENS, MISELLE RAUIDE

¿Qué extravío, pobre Rávido,
te hace precipitar contra mis yambos?
¿Qué dios mal invocado
te incita a la disputa enloquecida?
¿Acaso para andar de boca en boca?
¿Qué pretendes? ¿Hacerte notar sea como sea?
Y vas a conseguirlo;
pues has querido, a un duro precio,
amar a mi amor, Rávido.

## XLI
## AMEANA PUELLA DEFUTUTA

Ameana, la muy jodida,
me pidió diez mil contantes.
Sí, esa chica, la napias,
amiga del formiano[1] manirroto…
Familiares que estáis a su cuidado,
convocad médicos y amigos:
no está en su sano juicio la muchacha.
No preguntéis qué tiene;
solo alucinaciones a menudo.

---

[1] El formiano es, otra vez, Mamurra.

# XLII
# ADESTE, HENDECASYLLABI, QUOT ESTIS

¡Aquí, mis endecasílabos,
acudid todos y de todas partes!
Una furcia indecente por juguete me toma,
se niega a devolverme vuestras tablas.
¿Podéis aguantar esto?
Persigámosla, pues, y reclamemos.
Preguntaréis: «¿quién es?». Es esa
del repulsivo contoneo,
con esa risa histriona y repugnante
como boca de perro de la Galia.
¡Rodeadla y reclamad!:
«¡Furcia hedionda, devuélvenos las cartas;
devuélvenos las cartas, furcia hedionda!».
Pero te importa un bledo, burdel, fango…,
algo más bajo, incluso, si es posible.
Y no pensemos que con esto basta.
Si no hay otra manera, saquemos los colores
a ese rostro de hierro de esa perra.
¡Gritad de nuevo, a coro, en voz más alta!:
«¡Furcia hedionda, devuélvenos las cartas;
devuélvenos las cartas, furcia hedionda!».
No conseguimos nada… ni se inmuta.

Hay que cambiar de táctica y de tono,
a ver si así sacamos más provecho:
«¡Virtuosa doncella, devuélvenos las cartas!».

## XLIII
## SALVE, NEC MINIMO PUELLA NASO

Hola, joven… No tienes
nariz de las pequeñas,
ni pies bonitos, ni ojos negros,
ni dedos largos, ni la boca limpia,
ni, realmente, una lengua
demasiado elegante,
amiga del formiano manirroto.
¿Eres tú la que dicen allende la frontera?
¿La que comparan con mi Lesbia?
¡Siglo, en verdad, estúpido y grosero!

## XLV
## ACMEN SEPTIMIUS SUOS AMORES

Y Septimio, teniendo en el regazo
a su adorada, dijo: «Acme mía,
si no te amo locamente
y no estoy presto a amarte sin cesar
de ahora en adelante toda la vida, tanto
como el que más, perdido
en Libia o en la India requemada...,
se cruce en mi camino
un león de ojos garzos».
Cuando hubo dicho esto
—que antes ya lo hiciera a la siniestra—
estornudó el Amor hacia la diestra
como señal de aprobación.
Y Acme, volviendo la cabeza
levemente, los ojos embriagados
de su dulce muchacho con sus labios
de púrpura besó. «Mi Septimillo,
mi vida —dijo— mira a nuestro único
dueño al que serviremos para siempre.
¡Cierto como que el fuego
que arde en mis tiernas médulas
es mayor y más vivo!».
Cuando hubo dicho esto

—que antes ya lo hiciera a la siniestra—
estornudó el Amor hacia la diestra
como señal de aprobación.
Ahora, partidos bajo un buen augurio,
mutuamente se aman, son amados.
Para el pobre Septimio Acme sola es mejor
que Sirias y Bretañas.
Y para la fiel Acme Septimio solo vale
por todas las delicias y placeres.
¿Quién ha visto a otros hombres más felices?
¿Quién mejores auspicios vio de Venus?

## XLVI
## IAM UER EGELIDOS REFERT TEPORES

Ya trae la primavera días tibios del deshielo,
ya se acalla el furor del equinoccio
con el ameno soplo del céfiro. Dejemos,
Catulo, las llanuras de la Frigia
y los fértiles campos de la ardiente Nicea;
volemos a las célebres ciudades de Asia.
Ya la mente agitada tiene ansias de vagar,
ya los pies en su alegre afán renuevan fuerzas.
Adiós, muchachos, dulces compañeros,
que, alejados de casa al mismo tiempo,
diferentes caminos nos traen por separado.

## XLIX
## DISERTISSIME ROMULI NEPOTUM

Oh, tú, el más elocuente de los hijos de Rómulo,
de los que son y fueron, Marco Tulio[1],
y de los que serán, te da mil gracias
Catulo, el peor de los poetas,
que es el peor de todos los poetas
en la misma medida
que tú eres el mejor de todos los letrados.

[1] Marco Tulio Cicerón.

## LI
## ILLE MI PAR ESSE DEO UIDETUR[1]

El me parece semejante a un dios,
y, si se me permite, superior a los dioses,
el que sentado enfrente de continuo
te escucha y te contempla

sonriendo dulcemente, lo cual —¡ay!— me arrebata
—¡desdichado de mí!— todo el sentido:
pues solo verte, Lesbia,
me he quedado sin voz.

Mi lengua se entorpece
y una llama sutil mana en mis miembros,
un interior sonido tintinea
en mis oídos y se cubren
mis dos luces de noche.

—Catulo, el ocio para ti es funesto:
hace saltar tus nervios demasiado…
El ocio, que, ya antaño,
arruinó reyes y ciudades prósperas.

---

[1] El poema es una paráfrasis de una oda de Safo. Esto, unido al .sobrenombre de Lesbia —que Catulo dio a su amada—, nos hace pensar en una admiración particular del poeta a la de Lesbos.

## LII
## QUID EST, CATULLE? QUID MORARIS EMORI?

¿Por qué, Catulo? ¿Por qué morir demoras?
El roñoso de Noño ocupa ya su escaño
y Vatinio perjura por su Magistratura:
¿Por qué, Catulo? ¿Por qué morir demoras?

## LVII
## PULCRE CONUENIT IMPROBIS CINAEDIS

¡Qué bien se llevan esos dos canallas!:
el César y el marica de Mamurra[1]. Es normal;
manchas iguales llevan ambos
—uno en la urbe, el otro en Formias—
que impresas permanecen y no hay cómo lavarlas.
Igualmente morbosos, gemelos en la cama,
listillos uno y otro,
ni más ni menos de adulterio hambrientos,
socios rivales para las muchachas,
¡Qué bien se llevan esos dos canallas!

---

[1] Mamurra es tildado de pasivo *(pathicus)*. En español tenemos *bardaje,* pero es voz muy infrecuente.

## LVIII
## CAELI, LESBIA NOSTRA, LESBIA ILLA

Oh, Celio, nuestra Lesbia, aquella Lesbia,
aquella Lesbia a quien Catulo
amó más que a si mismo
y que a ninguno de los suyos,
ahora en plazuelas y callejas
se la casca a los hijos del magnánimo Remo.

## LIX
## BONONIENSIS RUFA RUFULUM FELLAT

Rufa la de Bolonia de su Rufillo mama;
la esposa de Menenio, la que visteis
tan a menudo entre las tumbas
robando su condumio en una pira,
cuando, siguiendo a un pan caído del fuego,
era molida a palos
por el quemacadáveres rapado[1].

[1] En el texto latino el incinerador de cadáveres aparece *semiraso,* con media cabeza afeitada, como distintivo de su degradado oficio.

## LXX
## NULLI SE DICIT MULIER MEA NUBERE MALLE

Mi novia[1] dice que por nada
se casaría con otro, aunque el mismísimo
Júpiter se lo pida... Eso dice;
mas lo que una mujer dice a su amante preso
escribirlo más vale
en el agua corriente o en el viento.

---

[1] Me he permitido traducir *mulier* por «novia» para evitar el sentido que *mujer* tiene de esposa. No se entienda —pido— «novia» como prometida, sino en el sentido inmediato que hoy tiene.

## LXXII
## DICEBAS QUONDAM SOLUM TE NOSSE CATULLUM

Antes, Lesbia, decías
no conocer más hombre que Catulo,
y no querías en mi lugar ni a Júpiter.
Y te quise, no solo
como un cualquiera a su querida, sino
como un padre a sus hijos y a sus yernos.
Ahora te conozco,
y, aunque me consumo con más celo.
para mí eres también mucho más vil y frívola.
Dirás: ¿Cómo es posible? Pues sí: una traición tal
obliga a querer menos y a amar más.

## LXXV
## HUC EST MENS DEDUCTA TUA, MEA LESBIA, CULPA

Mira adónde, mi Lesbia, por tu culpa,
ha ido a parar mi alma,
y cómo se ha perdido
ella misma por su fidelidad:
ya no puede quererte por muy buena que seas
ni, hagas lo que hagas, puede dejar de amarte.

## LXXVI
## SIQUA RECORDANTI BENEFACTA PRIORA UOLUPTAS

Si hay placer en el hombre
en recordar las buenas acciones del pasado,
cuando uno se cree bueno
y que no violó nunca su palabra de honor,
ni toma en vano el nombre de los dioses
para sacar partido de los hombres...,
entonces te han quedado de ese ingrato
amor, Catulo —y para muchos años— bastantes alegrías.
Pues todo el bien que un hombre puede hacer a su prójimo
—de palabra o de obra— tú lo has hecho;
y todo ha perecido por creer
en un ingrato corazón.
¿Por qué, pues, torturarte por más tiempo?
¿Por qué no afirmas tu ánimo y te alejas de eso
y, a pesar de los dioses, tu desgracia abandonas?
Renunciar es difícil
a un largo amor de pronto. Es muy difícil,
mas tienes que lograrlo, como quieras.
Para ti solo hay una salvación y victoria:
hacerlo, sea posible o no lo sea.
Oh, dioses, si os atañe ser misericordiosos,

si alguna vez prestasteis una última ayuda
a quien se hallaba ya en la misma muerte,
contemplad mi desdicha y, si he vivido
irreprochablemente,
libradme de esta peste, de esta plaga
que, deslizándose hasta el fondo
de mi cuerpo como letargo torpe,
desterró de mi pecho la alegría.
No pretendo que ella vuelva hacia mí sus ojos.
ni —pues es imposible— que sea pura;
    solo aspiro a curarme y a quitarme de encima
esta horrible dolencia.
¡Oh, dioses, concedédmelo a cambio de mi fe!

## LXXIX
## LESBIUS EST PULCER; QUID NI? QUEM LESBIA MALIT

Lesbio[1] —¿cómo no?— es guapo. Ese al que Lesbia
prefiere a ti, Catulo, y a toda tu familia. Mas, con todo,
que ese guapo a Catulo y a su familia venda
si entre sus conocidos puede encontrar tres besos.

[1] Lesbio, se supone, sería Publio Clodio Púlcer, el hermano de Lesbia, con la cual tuvo relaciones incestuosas, según parece. El juego de palabras (*pulcer* significa *guapo*) se pierde en la versión.

## LXXX
## QUID DICAM, GELLI, QUARE ROSEA ISTA LABELLA

¿Qué quieres, Gelio, que te diga?
¿Por qué tus labios rosas
se te ponen más blancos que la nieve invernal
cuando de casa, de manaña, sales
y cuando la hora octava
de una larga jornada te despierta
de una siesta agradable?
No sé qué ocurre exactamente. ¿Es cierto
—como murmura el vulgo—
que devoras aquello
que hay grande y tieso en la mitad del hombre?
Sí, es verdad: lo proclaman
las cachas derrengadas del pobrecito Víctor
y tus labios marcados por el suero ordeñado.

## LXXXIII
## LESBIA MI PRAESENTE UIRO MALA PLURIMA DICIT

Lesbia me insulta todo lo que quiere
cuando su esposo está delante; y esto
al muy idiota le causa un gran placer.
¡Burro[1], no entiendes nada: callada
si lo nuestro lo hubiera ya olvidado;
estaría en sus cabales...! Pero ahora
que me gruñe y me lleva la contraria,
no solo es que se acuerda, sino —y lo que es peor—
que está negra, eso es:
que está quemada y habla.

[1] Catulo moteja al marido de Lesbia de *mule (mulo).* Pensamos que «burro» es más vigente como insulto.

## LXXXIV
## CHOMMODA DICEBAT, SI QUANDO COMMODA VELLET

«Fentajas» decía Arrio
para decir «ventajas»;
y en lugar de «emboscadas»... «enfoscadas»;
y se pensaba hablar de maravilla
cuando y cuanto podía pronunciaba «enfoscadas».
Así decía su madre, según creo,
y su tío abuelo el liberto[1]
y su abuelo materno y su abuela.
Enviado a Siria, todas las orejas
descansaron; y oían las mismas cosas
tranquilamente y no temían
tales palabras para el porvenir...
cuando, súbitamente, llega una horrible nueva:
el mar Jónico, desde que Arrio estuvo allí,
ya no es Jónico: es... ¡«Hónico»!

[1] En discrepancia con Petit y de acuerdo con Quinn leo *liber* («liberto») y no *libere (libremente).*

## LXXXV
## ODI ET AMO. QUARE ID FACIAM, FORTASSE REQUIRIS

Odio y amo.
¿Por qué hago eso?, acaso me preguntes.
No sé, mas eso siento. Y me torturo.

## LXXXVIII
## QUID FACIT IS, GELLI, QUI CUM MATRE ATQUE SORORE

¿Qué hace ese, Gelio, el que se da el gustazo[1]
con su madre y su hermana
y trasnocha con ellas, las túnicas quitadas?
¿Qué hace el que no permite ser marido a su tío?
¿No ves el crimen que comete?
Comete, Gelio, tan gran crimen
que ni Tetis suprema
ni el Océano, padre de las ninfas,
pueden lavar.
Pues no puede ir más lejos en el crimen
ni si, cabeza gacha, se devora a sí mismo.

---

[1] Traduzco el verbo *pruro (tener picores, arder)* de forma metonímica por «darse el gustazo».

## LXXXIX
## GELLIUS EST TENUIS; QUID NI? CUI TAM BONA MATER

Gelio está flaco: ¿Cómo no iba a estarlo
con una madre tan buenota y sana,
con una hermana tan hermosa,
un tío tan bueno
y con una familia tan llena de muchachas?
¿Cómo no va a estar seco?
Porque, aunque nada toque más que aquello
que está prohibido, os daréis cuenta
de sobra de por qué tan flaco está.

## XCII
## LESBIA MI DICIT SEMPER MALE NEC TACET UMQUAM

Lesbia continuamente me maldice,
mas no deja de hablar de mí jamás:
¡que me muera, si Lesbia no me quiere!
¿La prueba?, que yo hago tres cuartos de lo mismo:
la insulto sin cesar;
pero, si no la quiero, que me muera.

## XCVIII
## IN TE, SI IN QUEMQUAM, DICI POTE, PUTIDE VICTI

Si hay que decirlo de alguien, sucio Victio,
que se diga de ti lo que se dice
de los fatuos y de los charlatanes;
con esa lengua, si llegara el caso,
podrías lamer culos
y rústicas albarcas.
Si nos quieres perder del todo a todos,
abre la boca, Victio,
y del todo obtendrás lo que deseas.

## XCIX
## SURRIPUI TIBI, DUM LUDIS, MELLITE, IUVENTI

Te he robado; Juvencio de miel, mientras jugabas,
un besito más dulce que la dulce ambrosía:
Pero no impunemente; ya que más de una hora
recuerdo haber estado
clavado en lo más alto de una cruz,
pidiéndote disculpas
y sin poder ninguna de mis lágrimas
ablandar tu crueldad ni un tanto así.
Pues, apenas lo hice, te enjugaste
las gotas de tus labios empapados
con todos, uno a uno, de tus dedos,
no siendo que te hubiera contagiado mi boca
como sucia saliva de una zorra[1] meada.
Además no has cesado de hostigar con Amor
a mi pobre persona
y de darme tormento de todas las maneras,
de modo que aquel beso de ambrosía
se me ha hecho más amargo que el eléboro amargo.

---

[1] Escribo «zorra» donde el autor puso *lupa (loba).* Hoy día llamamos zorras y no lobas a las habitantes de los lupanares.

Y, puesto que este es el castigo
con que amenazas a mi pobre amor,
jamás te volveré a robar un beso.

## CVI
## CUM PUERO BELLO PRAECONEM QUI UIDET ESSE

Cuando ves a un pregonero
con un hermoso mancebo,
¿Qué pensar sino que tiene
muchas ganas de venderse?

## CVIII
## SI, COMINI, POPULI ARBITRIO TUA CANA SENECTUS

Si tu cana vejez, contaminada
por costumbres impuras,
ha de acabar, Cominio,
por decisión del pueblo,
no dudo en absoluto que, ante todo,
esa lengua enemiga de los buenos
te será cercenada,
y entregada será a un hambriento buitre
y arrancados los ojos para que los devoren
cuervos de fauces negras,
los intestinos perros, los demás miembros lobos.

## CIX
## IUCUNDUM, MEA UITA, MIHI PROPONIS AMOREM

Me prometes, mi vida, que este amor
será eterno y feliz entre nosotros.
¡Grandes dioses, que no prometa en vano!
Y que lo que ahora dice sea sincero
y sea de corazón,
para que sea posible que perdure
este lazo perenne de nuestro amor sagrado
por toda nuestra vida.

## ÍNDICE

Esta edición de
*Cincuenta poemas*
se acabó de imprimir
el 4 de diciembre de 2023
en Madrid.